BEI GRIN MACHT SICH IHR WISSEN BEZAHLT

- Wir veröffentlichen Ihre Hausarbeit, Bachelor- und Masterarbeit

- Ihr eigenes eBook und Buch - weltweit in allen wichtigen Shops

- Verdienen Sie an jedem Verkauf

Jetzt bei www.GRIN.com hochladen und kostenlos publizieren

Erfolgreich im Fernstudium. 3 Techniken für effektives Selbst- und Zeitmanagement

GRIN

Bibliografische Information der Deutschen Nationalbibliothek:

Die Deutsche Nationalbibliothek verzeichnet diese Publikation in der Deutschen Nationalbibliografie; detaillierte bibliografische Daten sind im Internet über http://dnb.d-nb.de abrufbar.

ISBN: 9783389089132
Dieses Buch ist auch als E-Book erhältlich.

© GRIN Publishing GmbH
Trappentreustraße 1
80339 München

Druck und Bindung: Books on Demand GmbH, Norderstedt Germany
Gedruckt auf säurefreiem Papier aus verantwortungsvollen Quellen

Das Buch bei GRIN: https://www.grin.com/document/1518069

BETRIEBSWIRTSCHAFT & MANAGEMENT

SRH FernHochschule Riedlingen

Studiengang:	Betriebswirtschaft & Management

Semester:	2
Modul:	Selbstmanagement
Modul Art:	Präsentation
Thema:	Selbst- und Zeitmanagement als Erfolgsfaktoren im Fernstudium

Datum:	03.08.2015

Inhaltsverzeichnis

Abbildungsverzeichnis

Abkürzungsverzeichnis

i.A.a.	=	in Anlehnung an
bzw.	=	beziehungsweise
z.B.	=	zum Beispiel

1 Vortragsleitfaden

1.1 Motivation und Erwartungen

Aufgrund von neuen Studierenden an der FernHochschule Riedlingen und meinen bisherigen hervorragenden Leistungen, wurde ich gebeten für 25 Studierende eine Präsentation zu halten, um deren Zweifel des angestrebten Fernstudiums auszuräumen. Der Vortrag thematisiert „Selbst- und Zeitmanagement als Erfolgsfaktor im Fernstudium". Anhand von Folien werden diese Methoden näher beschrieben. Ich plane für die foliengestützte Präsentation etwa 20 Minuten ein, im Anschluss findet eine Diskussionsrunde statt, in der die Studierenden Fragen stellen können die sich während der Präsentation ergeben haben. Bedingt dadurch, dass sich die Zuhörer in der gleichen Situation befinden wie ich zu Beginn des Fernstudiums, und anfangs vor einem anscheinend unüberwindbaren Berg stehen, in Bezug zur Vorgehensweise (wie strukturiere ich zum einen das Studium um gute Erfolge zu erzielen, und zum anderen wie organisiere ich den weiteren Alltag, ohne dass eines der beiden nachhaltig vernachlässigt wird). Aus diesen Gründen ist es nur zu gut nachvollziehbar, weshalb sich eine große Anzahl von Studierenden meine Präsentation anschauen, um für sich mögliche Tools und Vorgehensweisen im Bereich Selbst- und Zeitmanagement für sich zu erkennen, wodurch die Motivation gesteigert wird um das Fernstudium erfolgreich zu absolvieren. Die Studierenden erwarten dementsprechend Informationen zu den einzelnen Methoden und Techniken. Ferner hoffen Sie auf Lösungsansätze, die ihnen helfen, die Motivation die zu Beginn des Studiums vorhanden ist weiterhin aufrechtzuerhalten. Ihnen ist es wichtig auch bei Rückschlägen und Zeiten in Krisen des Studiums, ihr Ziel weiter zu verfolgen und erfolgreich zu absolvieren.

1.2 Nutzen der Zuhörer von meiner Präsentation

Das Publikum besteht aus einer sehr heterogenen Gruppe in Bezug auf das Alter, etwa 90% stehen im Berufsleben, 30 Prozent haben bereits eine Familie mit Kindern. Fünf Studierende haben zuvor ein Studium an einer Präsenzhochschule abgebrochen, und eine Studierende hat ein Chemie-Studium abgeschlossen.

Durch die Präsentation sollen den Zuhörern einige Denkanstöße vermittelt werden, wie man sich bei Motivationseinbrüchen organisiert. Der erste Nutzen könnte sein, für sich festzustellen, was eigentlich Selbstmanagement ist und bedeutet. Welche Vorteile sich daraus für einen ergeben um ein Fernstudium erfolgreich zu absolvieren. Des Weiteren kann ein zweiter wertvoller Nutzen daraus entstehen, wenn durch Zeitmanagement ein strukturierter Ablauf des Alltags bzw. des Fernstudiums entsteht. Durch einfache Maßnahmen, wie sich z.b. zeitlich abgrenzende Ziele zu Beginn des Tages festzulegen, um diese nach und nach abzuarbeiten. Ferner kann in Kombination mit Work Life Balance mehr Spielraum für Freizeit und Familie geschaffen werden. Der Nutzen für die Zuhörer lässt sich an den folgenden Punkten festmachen:

- Ihnen sind die verschiedenen Selbst- und Zeitmanagementmethoden bekannt
- Sie können diese Modelle auf sich und ihre Situation anwenden
- Sie können die zur Verfügung stehende Zeit effizient nutzen
- Sie können besser mit Rückschlägen umgehen
- Sie wissen was Work – Life - Balance ist und können es umsetzen

1.3 Zielsetzung und Kernbotschaft

Zunächst soll mehr Wissen über Selbst- und Zeitmanagement vermittelt werden. Des Weiteren lernen die Zuhörer einige Modelle zur besseren Organisation und Festlegungen von Zielen sowie Prioritäten kennen. Die Kernbotschaft der Präsentation ist: „Mit Hilfe von 3 Techniken erfolgreich durch das Fernstudium".

2 Gang der Präsentation

Ich werde 8 Folien, exklusiv Einleitung und Schlussfolie, präsentieren, die dann als Grundlage für die anschließende Diskussionsrunde dienen. Für die Präsentation plane ich etwa 20 Minuten ein, die Einleitung, bzw. Opener-Folie wird mit 3 Minuten Redezeit eingeplant und die Schlussfolie wird mit 1 Minute eingeplant. Folien 1 bis 8 werden gleichermaßen auf 2 Minuten Redezeit verteilt. Die Präsentation besteht im Wesentlichen aus drei Kapiteln. Die erste Folie beschäftigt sich mit dem Selbstmanagement, Folie zwei behandelt Work-Life-

Balance und Folien drei bis acht untersuchen das Zeitmanagement inklusive einem abschließenden Fallbeispiel eines 12-Stunden-Studien-Tages. Mein Hauptinteresse besteht darin, meinen Zuhörern einige Denkanstöße zu vermitteln anhand von drei verschiedenen Techniken, die in enger Beziehung zu einander stehen. Nach Analyse meiner Zielgruppe, die sich, wie ich für ein Fernstudium entschieden haben, und diesem mit Zweifel gegenüberstehen, habe ich mich für eine Informationspräsentation (Storytelling) entschieden, um möglichst präzise vermitteln zu können. Als Präsentationsmedium wähle ich den im Raum stehenden Laptop mit PowerPoint, welcher mit einem Beamer an der Decke des Raumes verbunden ist. Dadurch ist es für die Zuhörer möglich auch von weiterer Entfernung die Präsentation zu verfolgen und Inhalte, wie z.B. Grafiken, zu erkennen. Als zweites Medium wähle ich das Whiteboard mit Stiften um schnell Skizzen darauf erstellen zu können. Ich bitte das Publikum vorab, sich aufkommende Fragen zu notieren, um diese am Ende der Präsentation zu stellen. Beim Vortrag der Präsentation habe ich mich für die psychologische Reihenfolge entschieden, da diese mir gut geeignet erscheint, um Wissen langfristig zu vermitteln.[1] Während der Vorbereitungsphase habe ich eine Ablauf-Reihenfolge festgelegt, die nach Minto dargestellt wird, um vorab eine Übersicht bzw. Zeiteinplanung zu erzeugen.[2] Zu Beginn der Präsentation und nach der Vorstellung meiner Person und meinem Anliegen, wird eine kurze Einführung in die Thematik stattfinden, um dem Publikum einen Überblick der Präsentation zu verschaffen. Dadurch erfahren die Zuhörer was sie während des Vortrags erwartet. Im nächsten Schritt wird aus eigenen Erfahrungswerten während der Zeit als Fernstudent berichtet, mit Hilfe einer Geschichte werde ich versuchen den Zuhörern das Gefühl zu geben, dass auch ich weiterhin unter der gleichen Herausforderung stehe wie sie selbst.[3] Die Geschichte dient zum einen dazu, Vertrauen und Aufmerksamkeit zu generieren, und zum anderen, dass die Zuhörer sehen, dass auch ich nur ein ganz normaler Mensch bin, der seine Erfahrungen mit ihnen teilt, um ihnen den Einstieg zu erleichtern. Es soll ein Wir-Gefühl entstehen.[4] Im Anschluss beginnt die eigentliche Präsentation mit der

---

[1] Vgl. Thiele, A.: 2000, S. 21.
[2] Vgl. Schick, D./ Koch, A.: S.42f.
[3] Vgl. Danz, G.: 2014, S. 116. f.
[4] Vgl. Grass, B. et al.: 2008, S. 47.

Nennung der drei Methoden, um auf die anfangs dargestellte Problemstellung und dem Ziel, bzw. der Kernaussage, des Vortrags zurückzuführen.

2.1 Folie 1: Selbstmanagement

Die erste Folie beginnt mit der Definition, die anhand von Borstnar und Köhrmann gut erläutert wird „Selbstmanagement ist eine methodisch geleitete Herangehensweise zur erfolgreichen Gestaltung und Führung des eigenen Lebens".[5] Ferner beinhaltet Selbstmanagement drei wesentliche methodische Vorgehensweisen, die erste ist die *Selbstreflexion,* diese kann dabei helfen, sich selbst zu motivieren und sich eigene Ziele bewusst vor Augen zu halten. Um eine Momentaufnahme von sich selbst zu bekommen, wo stehe ich im Augenblick und wo will ich in nächster Zeit stehen.[6] Der nächste Unterpunkt ist die *Selbsteinschätzung,* die einem dabei hilft seine Ziele klarer zu formulieren, dadurch erfolgreicher zu sein, sowie seine Kompetenzen zu steigern und vor allem seine Stärken und Schwächen kennen zu lernen.[7] Zuletzt gilt es eine Balance zwischen Arbeit und allen anderen Lebensbereichen zu schaffen. Diese Balance nennt sich Work Life Balance. Nun wird sich sicher einer der Zuhörer fragen was sich hinter dem Begriff *Work Life Balance* verbirgt? Anhand weiterer Literatur wird diese zweite Technik zunächst exemplarisch erläutert, um es daraufhin anhand einer Grafik zu verdeutlichen.

2.2 Folie 2: Work Life Balance

Seiwert beschreibt das Modell als ein ausgewogenes Verhältnis von Körper, Sinn, Arbeit und Kontakt, das im Zentrum die Zeit Balance in sich birgt. Gehen wir zunächst auf den „Körper" ein. Darunter ist beispielsweise die Gesundheit, Ernährung, Erholung, Fitness, Entspannung und die Lebenserwartung wieder zu finden. Der „Sinn" ist geprägt von Religion, Liebe, Selbstverwirklichung, Erfüllung, Philosophie und Zukunftsfragen. Ferner interpretiert Seiwert weiter, dass unter „Kontakt" die Freunde, Familie und Zuwendung sowie die Anerkennung eine wichtige Rolle spielen. Die „Arbeit" beinhaltet, schöner Beruf, Geld, Erfolg,

---

[5] Borstnar, N./ Köhrmann, G.: 2004, S.15.
[6] Vgl. Neuburger, R./ Tiefenbacher, A.: 2010, S.8.
[7] Vgl. Neuburger, R./ Tiefenbacher, A.: 2010, S.8.

Karriere, Wohlstand und Vermögen. Nur wenn all diese Bereiche im Einklang bzw. in einem ausgewogenen Verhältnis zu einander stehen, resultiert langfristig Erfolg und Lebensglück. Wenn erstmal die Sinnorientierung nach Selbstmotivation und Leistungsfähigkeit fehlt, kann dies zwangsläufig zu dem sogenannten Burn-Out-Syndrom führen.[8] Um sich das Gesagte besser einprägen zu können, kann an dieser Stelle Schnetzer gefolgt werden, der den Begriff Work Life Balance wie folgt beschreibt und zusammenfasst „Work Life Balance bedeutet Ausgewogenheit zwischen Berufs- und Privatleben unter bewusstem Einbeziehen von Gesundheit und Lebensvision".[9] Dieses Modell wird mit Hilfe einer Grafik verdeutlicht um eine bessere Vorstellung zu erhalten. Anschließend erfolgt die Vorstellung der dritten Technik, des *Zeitmanagements*. Hierfür werden einige Methoden vorgestellt und ausführlich beschrieben.

2.3 Folie 3: Zeitmanagement

Bei dem Zeitmanagement wird anhand von sechs Schritten, die nacheinander erfolgen, beschrieben, wie man durch Zeiterfassung und dem richtigen Prioritätensetzen die Tagesplanung verbessern kann. An dieser Stelle wird weiterhin Seiwert gefolgt, der zunächst die Zeit als ein knappes Gut, das nicht käuflich ist, sich nicht lagern oder vermehren lässt, beschreibt.[10] Ferner beschreibt er den Begriff Zeitmanagement wie folgt „Zeitmanagement ist die konsequente und zielorientierte Anwendung bewährter Arbeitstechniken in der täglichen Praxis, um sich selbst und die eigenen Lebensbereiche so zu führen und zu organisieren (=„zu managen"), dass [!] die zur Verfügung stehende Zeit sinnvoll und optimal genutzt wird."[11] Im ersten Schritt sollte eine Zeitinventur stattfinden um zu überprüfen wie viel Zeit einem zu Verfügung steht, um ein gesetztes Ziel zu erreichen. Durch eine gute Zeitinventur ist der Grundstein für ein erfolgreiches Selbstmanagement gelegt.[12] Dem gegenüber stehen die sogenannten Zeitfresser die es frühzeitig zu identifizieren gilt, diese können anhand einer Gliederung visuell vermittelt werden. Um die Zeitfresser gleich richtig einzuordnen, wird auch hier Seiwert gefolgt, er nennt die häufigsten

---

[8] Vgl. Seiwert, L. J.: 2011, S. 20. ff.
[9] Schnetzer, R.: 2014, S. 5.
[10] Vgl. Seiwert, L. J.: 2012, S.11.
[11] Seiwert, L. J.: 2002, S.14.
[12] Vgl. Seiwert, L. J.: 2012, S. 9.

Ursachen, die wertvolle Zeit rauben. Die erste Ursache kann darin bestehen, eine fehlerhafte Planung zu verfolgen. Durch unzureichend definierte Ziele und Prioritäten kann sehr schnell der Blick fürs Wesentliche verloren gehen. Des Weiteren ist es ratsam sich auf eine Sache zu konzentrieren, denn wenn zu viele Dinge, bzw. Aufgaben parallel gesteuert werden, werden oftmals die wichtigen Dinge vernachlässigt. Weiter gibt Seiwert an, dass durch nicht angekündigte Besucher und/oder Unterbrechungen durch Telefongespräche wertvolle Zeit verloren geht. Dadurch kann es schnell dazu führen, dass der letzte und elementarste Zeitfresser entsteht, Senkung der Motivation.[13] Um diesen eben genannten Zeitfressern aktiv entgegen zu wirken, wird anschließend die korrekte Herangehensweise einer Zielsetzung erläutert.

Zunächst wird die Definition von Seiwert aufgegriffen, die besagt, dass Bedürfnisse, Wünsche und Aufgaben in klare Absichten zu fassen sind, um die Handlungen dahingehend auszurichten.[14] Ausgangspunkt dieser Aussage bzw. Prozesses sind drei Analysen, die zu tätigen sind. Zuerst wird die Zielanalyse durchgeführt, die festhält „Was will ich?". Darauf erfolgt die Situationsanalyse, die beschreibt „Was kann ich?" Und "wo lassen sich meine Stärken weiter ausbauen und in wie weit lassen sich meine Schwächen in Zukunft abbauen". Diese beiden Analysen ergeben dann die Ziel-Mittel-Analyse, die aus der Zielformulierung besteht, gepaart von der schlussendlichen Handlung und deren Ergebnis.[15]

2.4 Folie 4: Zeit-Planung mit der ALPEN-Methode

An dieser Stelle werden nun fünf Methoden vorgestellt, die helfen, sich sinnvoll über den Tag zu organisieren und Prioritäten zu setzen. Begonnen wird mit der ALPEN-Methode, diese ist sehr hilfreich einen Tagesplan zu erstellen und zu strukturieren. Aufgrund ihrer Einfachheit benötigt man nach einiger Übung maximal 10 Minuten an täglicher Planungszeit. Sie besteht im Wesentlichen aus fünf Kernpunkten, die es zu berücksichtigen gilt. Im ersten Schritt werden die Aufgaben zusammengestellt, die über den Tag zu erledigen sind. Darauf erfolgt eine Schätzung der Länge, die die Tätigkeiten voraussichtlich benötigen.

---

[13] Vgl. Seiwert, L. J.: 2002, S.38. f.
[14] Vgl. Seiwert, L. J.: 2002, S.50.
[15] Vgl. Seiwert, L. J.: 2002, S.72.

Anschließend sollte genug **P**ufferzeit mit eingeplant werden, um flexibel zu bleiben. Im vorletzten Schritt erfolgt die **E**ntscheidung über Prioritäten, Kürzungen und Delegation. Abschließend wird eine **N**achkontrolle durchgeführt, um Unerledigtes für den nächsten Tag zu übertragen.[16] Damit am nächsten Tag erneut die liegengebliebenen Tätigkeiten mit Hilfe der ALPEN-Methode absolviert werden können.

Eine weitere Methode die ich Ihnen gerne vorführen würde, ist das Pareto Prinzip. Bei dieser Methode handelt es sich in erster Linie Prioritäten richtig zu setzen. Ursprünglich stammt das Pareto Prinzip von dem italienischen Volkswirtschaftler Wilfredo Pareto. Die Begriffserläuterung kann wie folgt aussehen „Das Pareto-Prinzip – auch 80:20-Regel genannt – ist eine Gesetzmäßigkeit mit der Sachverhalte analysiert und gezielt verbessert werden können."[17] Mit Hilfe des Pareto Prinzips ist es relativ einfach Analysen zu erstellen, die im Alltag oder auch im privaten Bereich dabei helfen, Prioritäten richtig zu verteilen. Als Beispiel hierfür ist es denkbar sich vorzustellen „20 Prozent der Aktivitäten bringen 80 Prozent des Erfolges". Wer die Prioritäten falsch setzt, verwendet also 80 Prozent seiner Zeit auf Tätigkeiten, die lediglich 20 Prozent des Erfolges erbringen."[18] Besonders effizient ist das Pareto Prinzip in Verbindung bzw. Kombination mit der nachfolgenden ABC Analyse.[19]

2.5 Folie 5: Richtig kategorisieren mit der ABC-Analyse

Bei der ABC-Analyse werden zunächst drei Kategorien, entsprechend A-B-C gebildet und alphabetisch geordnet. Im Wesentlichen ist diese Methode ein Verfahren mit dem Probleme und Sachverhalte analysiert und in A-B-C Prioritäten eingestuft werden können. Die Kategorie **A** ist gekennzeichnet durch eine geringe Anzahl und einem hohen Wert. Dies bedeutet, dass den A-Objekten die höchste Aufmerksamkeit zu widmen ist. „15 Prozent aller A-Aktivitäten ergeben ca. 65 Prozent Anteil am Gesamtvolumen."[20] Wer sich nun darauf konzentriert, wird einen größeren Nutzen erzielen und gleichermaßen viel Zeit

---

[16] Vgl. Seiwert, L. J.: 2002, S. 108. f.
[17] Siegert, W.: 2001, S. 146.
[18] Siegert, W.: 2001, S. 146.
[19] Vgl. Siegert, W.: 2001, S. 146.
[20] Siegert, W.: 2001, S. 1.

und Energie sparen.[21] Die **B**-Kategorie gibt eine mittlere Anzahl und einen mittleren Wert an. Dies bedeutet, alle B-Objekte haben einen Anteil von knapp 20 Prozent des Gesamtwerts. Der Ertrag erhält ebenfalls ca. 20 Prozent. Wichtig ist dabei, dass dieser Bereich nicht vernachlässigt wird. Die **C**-Kategorie ist geprägt durch eine hohe Anzahl und einem geringen Wert. Das bedeutet, dass die C-Objekte in nur untergeordneter Relevanz stehen. Der Anteil von C-Objekten liegt bei ca. 65 Prozent, wobei der Ertrag nur bei etwa 15 Prozent liegt. Man kann somit festhalten, dass die C-Kategorie für viel Aufwand und relativ wenig Nutzen steht.[22] Durch Anwendung der ABC-Analyse kann eine Reihenfolge der abzuarbeitenden Aufgaben, bzw. Tätigkeiten erzielt werden. Allerdings ist die Analyse immer vergangenheitsbezogen, ferner ist darauf zu achten, dass die Planungsdaten immer aktuell zu halten sind, um eine ergebnisorientierte Analyse erstellen zu können. Gerade im privaten Bereich ist die ABC-Analyse als gewinnbringend einzustufen, da wichtige Tätigkeiten von eher unwichtigen Aufgaben zu trennen sind. Die Prioritäten die somit vergeben werden, helfen dabei die angestrebten Ziele leichter zu erreichen.[23]

2.6 Folie 6: Prioritäten setzen mit dem Eisenhower Prinzip

Während es bei der ABC- Analyse um die Konsequenzen der Erledigungen bzw. Nichterledigungen geht, handelt das Eisenhower Prinzip nach zwei elementaren Kriterien. Zum einen wird die Wichtigkeit von Aufgaben als Maßstab definiert, und zum anderen die Dringlichkeit der zu erledigenden Tätigkeiten. Je nach Wichtigkeit und Dringlichkeit gibt es vier Varianten der Bewertung um die Reihenfolge festzulegen.[24] Hilfreich ist dabei eine Darstellung in Form eines Koordinationskreuzes mit vier Quadranten zu erstellen, um sich einen besseren Überblick zu verschaffen. Die 4 Quadranten beinhalten A-Aufgaben, B-Aufgaben, C-Aufgaben und einen Papierkorb. Die A-Aufgaben symbolisieren die wichtigsten und dringlichsten Tätigkeiten, die sofort und selbstständig erledigt werden müssen. Dieser Quadrant befindet sich rechts oben in der Abbildung. Links davon sind die B-Aufgaben zu finden, diese sind wichtig aber noch nicht dringend,

[21] Vgl. Siegert, W.: 2001, S. 1.
[22] Vgl. Siegert, W.: 2001, S. 1.
[23] Vgl. Siegert, W.: 2001, S. 2.
[24] Vgl. Züger, R/M.: 2007, S. 58.

werden aber terminiert, d. h. sie werden zu einem späteren Zeitpunkt eingeplant und erledigt. Ferner kann geprüft werden ob diese Aufgaben teilweise delegiert werden können, d. h. anderen zur Erledigung übertragen. Die C-Aufgaben sind als dringend einzustufen, aber weniger wichtig. Bei diesen Tätigkeiten ist es ratsam, sie zu delegieren. Es sollte kein Druck entstehen, der dazu führt diese Aufgaben selbst zu erledigen. In der Grafik sind die C-Aufgaben rechts unten angesiedelt. Als letzter Quadrant bleibt der Papierkorb übrig, der links unten in der Grafik anzutreffen ist. Dort sind Aufgaben anzutreffen die wenig dringlich und wenig wichtig sind. Durch die Papierkorb Symbolisierung soll deutlich gemacht werden, dass diese Aufgaben zu ignorieren und als unnötig zu definieren sind.[25]

2.7 Folie 7: Zeiteinteilung mit Hilfe der 60:40 Grundregel

Die letzte der fünf Methoden um Prioritäten zu setzen ist die 60:40- Grundregel der Zeitplanung. Diese bewährte Methode besagt, dass ca. 60 Prozent für geplante Tätigkeiten aufgewendet werden und ca. 20 Prozent für unerwartete Aktivitäten aufgebracht werden sollten, beispielsweise sollten hier Pufferzeiten sowie Zeitfresser mit eingeplant werden, die nicht vorhersehbar sind. Weiter sollen 20 Prozent für spontane Aktivitäten freigehalten werden, wie z.B. soziale Kontakte pflegen und kommunikative Aktivitäten auszuüben. Je nach Art der geplanten Aktivitäten können die prozentualen Werte leicht nach oben oder unten abweichen.[26] Als Beispiel hierfür wird Seiwert gefolgt, der einen 8 Stunden Arbeitstag wie folgt darstellt. Die 60 Prozent werden für die Arbeit aufgewendet mit 5 Stunden, 20 Prozent bzw. 1,5 Stunden werden für unerwartete Aktivitäten reserviert und die übrigen 20 Prozent bzw. 1,5 Stunden werden für spontane Aktivitäten freigehalten.[27]

2.8 Folie 8: Fallbeispiel eines 12 Stunden-Studien-Tages

Abschließend an die zuvor beschriebenen Methoden wird nun anhand der ALPEN-Methode, der ABC-Analyse und der 60:40 Grundregel ein Tagesplan erstellt. Hierbei wird der Ablauf eines zwölf Stunden-Tages im Studienalltag

---

[25] Vgl. Züger, R/M.: 2007, S. 58. f.
[26] Vgl. May, S.: 2005, S. 73.
[27] Vgl. Seiwert, L.J.: 2002, S. 90. ff.

beschrieben und strukturiert. Zunächst werden alle Aufgaben und Ziele des Tagespensums definiert, z.B. im Studienbrief, die ersten beiden Kapitel lesen, Notizen dazu machen, Einkaufen und Kochen, mit Freunden treffen und Sport machen. Das sind die Ziele, die an diesem Tag erledigt werden sollen, darauf erfolgt die Schätzung und Einteilung der Länge von den Tätigkeiten, sowie die Einplanung von Pufferzeiten. Mit Hilfe der 60:40 Grundregel kann der zwölf Stunden-Tag in 60 Prozent für 7 Stunden und 40 Prozent für 5 Stunden eingeteilt werden. Anschließend kann mit Hilfe der ABC- Analyse die nötige Priorisierung vorgenommen werden, welche Aufgaben welche Wichtigkeit symbolisieren. Daraufhin muss der Zeitbedarf geprüft werden und auf Dringlichkeit reduziert werden. Um zuletzt die nicht erledigten Aufgaben bzw. Tätigkeiten in den nächsten Tag zu überführen.

2.9 Rückblick zur Kernbotschaft

Abschließend an die Präsentation erfolgt im letzten Schritt, die Rückführung zur Kernaussage. Diese besagt, dass anhand von drei Methoden das Fernstudium erfolgreich angegangen, bzw. absolviert werden kann. Die erste Methode war das *Selbstmanagement*, diese definiert zum einen den eigenen Sinn und erbringt dadurch mehr Motivation. Die zweite Methode war *Work-Life-Balance*, die für Erholung und Entspannung sorgt, dadurch entsteht weniger Druck. Als letzte Methode wurde das *Zeitmanagement* untersucht, die durch fünf separate Methoden definiert ist, die sich sehr gut kombinieren lassen. Das Ziel bei dem Zeitmanagement ist es weniger Stress im Studienalltag entstehen zu lassen, bedingt durch klare Strukturen. Durch diese drei aufgezeigten Methoden, Selbstmanagement, Work-Life-Balance und Zeitmanagement, gelingt es mehr Erfolg im Fernstudium und im Privatleben zu schaffen und nachhaltig zu festigen. Um sich das Vorgestellte besser vor Augen zu halten werde ich mit Hilfe des Whiteboard eine Skizze erstellen, in der die drei Methoden im Mittelpunkt stehen und deren Ziele verdeutlicht werden, damit das vermittelte Wissen vertieft werden kann. Als letzter Schritt der Präsentation wird nun der Fokus dem Publikum geschenkt, damit sie ihre zuvor aufgeschriebenen Fragen äußern. Nach Beantwortung der Fragen schließe ich die Präsentation mit den Worten „Ihr schafft das, glaubt an euch" ab.

3 Beispielfolie mit Konzepterklärung

Abbildung 1: Beispiel Folie der Präsentation[28]

Diese Folie ist die Schlussfolie der Präsentation. Ein guter Schluss dient der Wiederholung der Kernaussage und ist eine Zusammenfassung der wichtigsten Punkte, neue Inhalte werden hier nicht aufgegriffen.[29] Psychologische Untersuchungen haben ergeben, dass sich Menschen im Durchschnitt sieben Dinge gleichzeitig merken können.[30] Daher sind auf der Folie sieben Punkte zu lesen und ein Aufheller abgebildet. Bei dem Text wurde auf die Einhaltung der folgenden „vier Verständlichmacher"[31] geachtet: Einfachheit, Gliederung und Ordnung, Kürze und Prägnanz und anregende Zusätze.[32] In der Umsetzung bedeutet das, dass die Sätze kurz sind, auffordernd und in einfacher Sprache formuliert, sie geben die Gliederung der Präsentation wieder und sind durch die grünen Umrahmungen zusätzlich visuell stimuliert. Die logische Anordnung der Folienelemente, muss sich von links nach rechts entwickeln, sowie von oben nach unten, da dies der Blickrichtung beim Lesen entspricht.[33] Des Weiteren wurde auch die Abfolge entsprechend der Gliederung der Präsentation angepasst. Zunächst wird die Kernbotschaft aufgezeigt, anschließend befinden

---

[28] Eigene Darstellung, i.A.a. Schick, D./ Koch, A.: 2011, S.41. f.
[29] Vgl. Schick, D. / Koch, A.: 2011, S. 55.
[30] Vgl. Minto, B.. 2005, S.18. f.
[31] Mentzel, W.: 2007, S.15.
[32] Vgl. Mentzel, W.: 2007, S.15. ff.
[33] Vgl. Göldner, R.: (08.06.2015), http://powerpointrhetorik.de.

sich darunter die drei Techniken um ein Fernstudium erfolgreich abzuschließen. Daraus ergibt sich der Nutzen aus den drei Techniken, um schlussendlich daraus das Ergebnis zu präsentieren „Mehr Erfolg", dies ist wiederum die Rückführung zu der Kernbotschaft. Neben der Kernbotschaft liegt Garfield rechts im Bild und erweckt einen entspannten Eindruck. Bilder haben den Effekt, dass sie Argumente kräftiger und Geschichten anschaulicher machen.[34] Jeder der Garfield kennt weiß, dass der ruhige Kater sich nie Stress macht oder stressen lässt, die Grafik dient also zur visuellen Unterstützung der Kernbotschaft. Die Folie wirkt strukturiert und aufgeräumt. Hierbei spielt neben der erläuterten Platzierung der einzelnen Elemente auch der Leerraum, also die weiße Fläche, eine wichtige Rolle. Diese bringt die wenigen Elemente der Folie in ein Gleichgewicht und erzeugt damit Eleganz und Übersicht.[35] Die Überschrift der Folie gibt nicht nur einen Überblick, an welchem Teil der Präsentation man sich befindet, sondern ist als Action-Titel formuliert.[36] Das heißt, sie gibt die Kernaussage der Folie an und signalisiert dem Zuhörer hier, was er für sich als gelernte Inhalte von der Präsentation mitnehmen soll.

4 Erfolgsabhängigkeit der Präsentation

Wenn es mir gelingt die Erwartungshaltung der Zuhörer an die Präsentation zu erfüllen und Ihre offenen Fragen zum Thema Zeit- und Selbstmanagement zu klären, bzw. zu beantworten, dann werden die Zuhörer mich als einen guten Redner beurteilen. Dies kann als extrinsische oder instrumentelle Motivation beschrieben werden, was die Zuhörer dazu bringt mich positiv zu bewerten. Der Zuhörer nimmt an der Präsentation teil, da er sich einige Vorteile in Form von besserem Zeit- und Selbstmanagement verspricht.[37] Eine richtige Ansprache der Zielgruppe und die Klärung der Zuhörerfragen sind also essenziell wichtig und zwingend erforderlich.[38] Sobald der Zuhörer keinen Nutzen für sich innerhalb der Präsentation erkennt, wird er nicht mehr zuhören und die Präsentation negativ beurteilen. Neben strukturellen und inhaltlichen Anforderungen sind auch

---

[34] Vgl. Engelfried, J./Zahn, S.: 2012. S. 83.
[35] Vgl. Göldner, R.: (08.06.2015), http://powerpointrhetorik.de.
[36] Vgl. Strategy Compass GmbH (08.06.2015), https://www.strategy-compass.com.
[37] Vgl. Myers, D. G.: 2004, S. 330. f.
[38] Vgl. Engelfried, J./Zahn, S.: 2012. S. 2.

Ansprüche an den Redner selbst zu erfüllen. Diese sind zum einen verbale, und zum anderen, nonverbale Kommunikationsmittel, die nachfolgend erläutert werden. Die Informationspräsentation (Storytelling), soll den Zuhörer an den Redner binden, ihn motivieren und neugierig auf die Präsentation machen.[39] Dazu ist eine lebendige Stimme notwendig. Durch die Lautstärke der Stimme werden wichtige Stellen innerhalb der Präsentation betont. Die Lautstärke sowie das Sprechtempo muss gezielt variiert eingesetzt werden. In Verbindung mit Pausen beim Sprechen unterstützt die Stimme so die Struktur der Präsentation und hebt die Aufmerksamkeit bei wichtigen Textstellen. Durch Rhythmus, Dynamik und Sprechmelodie muss ich als Redner zuversichtlich und überzeugend wirken, damit die Zuhörer mir Vertrauen schenken.[40]

Ferner macht das gesprochene Wort nur zu 7 Prozent darüber aus, ob der Zuhörer uns als vertrauensvoll und glaubwürdig hält.[41] Die Wirkung des Sprechers erfolgt zu 55 Prozent über die Körpersprache (Gestik, Blickkontakt, Körperpräsenz) und zu 38 Prozent über die Stimmführung.[42] Somit werde ich auf folgendes achten: Ein sicherer und selbstbewusster Stand in der Mitte des Raumes, um zuversichtlich und kraftvoll zu wirken. Außerdem eine einladende Gestik, die das Gesagte unterstreicht. Mein Blick wird durch das gesamte Publikum wandern und abwechselnde Fokussierung auf einzelne Zuhörer vornehmen. Dadurch fühlt sich jeder angesprochen und nimmt meine Präsenz war.[43]

Werden diese genannten Präsentationstechniken befolgt und die motivations- und kommunikationstheoretischen Regeln eingehalten, so werde ich als Vortragender positiv wahrgenommen und bewertet.

[39] Vgl. Strategy Compass GmbH (08.06.2015), https://www.strategy-compass.com.
[40] Vgl. Strategy Compass GmbH (08.06.2015), https://www.strategy-compass.com.
[41] Schick, D. / Koch, A.: 2011, S. 33.
[42] Vgl. Strategy Compass GmbH (08.06.2015), https://www.strategy-compass.com.
[43] Vgl. Strategy Compass GmbH (08.06.2015), https://www.strategy-compass.com.

5 Lernerkenntnisse und Fazit

Während meiner Weiterbildung zum staatlich geprüften Techniker habe ich einige Präsentationen gehalten. Schon damals war ich ein Befürworter des digitalen Medieneinsatzes, wie Laptop mit PowerPoint in Kombination mit einem Beamer. Was für mich neu war, ist das Whiteboard mit Stiften, zuvor kannte ich dieses Medium nicht, was sich während dieser Präsentation als sehr hilfreich erwies. Alle vorgehenden Präsentationen liefen bei mir nach ein und demselben Schema ab, ich habe die Präsentationen ohne Hinterfragung des Aufbaus und der Gestaltung geradewegs erstellt. Ich habe mich zudem nie damit beschäftigt, wen ich mit meiner Präsentation erreichen will, bzw. wer meine Adressaten sind, und diese zufolge auch nicht analysiert.[44] Ferner kann ich rückblickend sagen, dass ich die Folien mit sehr viel Inhalt beladen habe, nach dem Prinzip „je mehr, desto besser". Ich war der Auffassung, dass innerhalb einer foliengestützten Präsentation möglichst viel Inhalt eingefügt werden muss. Während der Vorbereitung und Erstellung meiner derzeitigen Präsentation wurde mir relativ schnell bewusst, dass die Folien lediglich als Redeunterstützung dienen, und nur die wichtigsten Kernbotschaften darin enthalten sein sollten.[45] Ein weiterer Lerngewinn war das Wort Action-Titel, worin eine Folienüberschrift nicht nur den Zweck erfüllt, dem Zuhörer aufzuzeigen an welcher Stelle man in der Präsentation angekommen ist, sondern gleichzeitig die Kernbotschaft der gesamten Folie vermittelt.[46] Bislang hatte ich nur begrenzte Techniken und Arten der Gestaltung einer Präsentation gekannt, somit war der Lerngewinn nicht groß. Bei zukünftigen Präsentationen werde ich darauf achten, dem Anspruch eines Action-Titels gerecht zu werden, um das Verständnis für die einzelnen Folien zu verbessern. In Zukunft werde ich der Vorbereitung von Präsentationen mehr Aufmerksamkeit schenken. Zum einen werde ich mich vermehrt mit den Zielen der Präsentation beschäftigen, und zum anderen mit dem Inhalt, der dem Publikum vorgetragen wird. Des Weiteren werde ich in Zukunft darauf achten während einer Präsentation stets mittig zu stehen mit Blick zum Publikum, und nicht wie zuvor am Rand mit Blick auf die Folien.[47]

---

[44] Vgl. Danz, G.: 2014. S.22.
[45] Vgl. Beck, H.: 2014. S.132.
[46] Vgl. Strategy Compass GmbH (08.06.2015), https://www.strategy-compass.com.
[47] Vgl. Beck, H.: 2014. S.157f.

Literaturverzeichnis

Beck, H.: Recherchieren Strukturieren Präsentieren. So Überzeugen Sie in Abschlussarbeiten, Artikeln, Reports und Vorträgen. 1. Auflage. C.H.Beck. 2014

Borstnar, N./ Köhrmann, G.: Selbstmanagement mit System. Verlag Ludwig. Kiel. 2004

Danz, G.: Neu Präsentieren. Begeistern und Überzeugen mit den Erfolgsmethoden der Werbung. 2. Auflage. Campus Verlag. Frankfurt am Main. 2014

Engelfried, J./Zahn, S.: Wirkungsvolle Präsentationen von und in Projekten. Springer-Verlag. Wiesbaden. 2012.

Grass, B./ Ant, M./ Chamberlain, J. R./ Rörig, H.: Schritt für Schritt zur erfolgreichen Präsentation. 1. Auflage. Springer-Verlag. Berlin Heidelberg. 2008

May, S.: Praxishandbuch Chefentlastung. Der Leitfaden für effizientes Zeitmanagement. 1. Auflage. Gabler Verlag GmbH. Wiesbaden. 2005

Mentzel, W.: Kommunikation: Rede, Präsentation, Gespräch, Verhandlung, Moderation. Deutscher Taschenbuch Verlag GmbH & Co.KG. München. 2007.

Minto, B.: Das Prinzip der Pyramide. Ideen klar, verständlich und erfolgreich kommunizieren. 3. Auflage. Pearson Studium. München. 2005.

Myers, D.G.: Psychology. New York. 2004.

Neuburger, R./ Tiefenbacher, A.: Selbstmanagement. Compact Verlag GmbH. München. 2010

Seiwert, L. J.: 30 Minuten Work-Life-Balance. 15. Auflage. Gabal Verlag GmbH Offenbach. 2011

Seiwert, L. J.: 30 Minuten Zeitmanagement. Gabal Verlag GmbH. 18. überarbeitete Auflage. Offenbach. 2012

Seiwert, L. J.: Mehr Zeit für das Wesentliche. Besseres Zeitmanagement mit der SEIWERT-Methode. Verlag Moderne Industrie. 20. Auflage. München. 2002

Siegert, W.: Expert-Praxislexikon. Management-Training: 111 Stichwörter für Management- Trainer. Expert-Verlag. Renningen. 2001

Schnetzer, R.: Achtsame Selbsterkenntnis. Work-Life-Balance kompakt und verständlich. Springer Gabler. Wiesbaden. 2014

Schick, D./ Koch, A.: Kreativitäts- und Präsentationstechniken. 3. Auflage. Riedlingen. 2011

Thiele, A.: Überzeugend Präsentieren. 2. Auflage. Springer-Verlag. Berlin. 2000

Züger, R/M.: Selbstmanagement-Leadership-Basiskompetenz. theoretische Grundlagen und Methoden mit Beispielen, Praxisaufgaben, Repetitionsfragen und Antworten. Edubook AG. 2. überarbeitete Auflage. Zürich. 2007

Internetquellenverzeichnis

Göldner, R.: Gestaltung von PowerPoint-Folien. 2014 URL: http://powerpointrhetorik.de/Seiten/Foliendesign.html (08.06.2015)

(o.V.): Strategy Compass GmbH. Action Titel auf Folien (o.J.) URL: https://www.strategy-compass.com/Praesentations-Know-how/Praesentationen_erstellen/Einfachheit/Action_Title (08.06.2015)

BEI GRIN MACHT SICH IHR WISSEN BEZAHLT

- Wir veröffentlichen Ihre Hausarbeit,
  Bachelor- und Masterarbeit

- Ihr eigenes eBook und Buch -
  weltweit in allen wichtigen Shops

- Verdienen Sie an jedem Verkauf

Jetzt bei www.GRIN.com hochladen und kostenlos publizieren